Gute Nachrichten für ein ganzes Jahr

Martin Smatana

Gute Nachrichten für ein ganzes Jahr

Pattloch

Für Albert

Sich in Krisenzeiten eine positive Weltsicht zu bewahren, ist nicht leicht. Oft reicht schon ein Blick in eine Nachrichtensendung oder Zeitung, um eine Spirale aus Angst, Wut und einem Gefühl der Hilflosigkeit auszulösen. Umso wichtiger ist es, ein Gespür für das Gute, das Schöne und die Freude zu kultivieren, die das Leben genauso mit sich bringt. Ich zum Beispiel habe über mehrere Jahre hinweg eine einfache Gewohnheit etabliert: Jede Woche suche ich nach guten Nachrichten aus aller Welt und stelle eine kleine Sammlung davon zusammen. Dank dieser Geschichten, deren Helden und Heldinnen oft völlig Fremde sind, bietet sich mir ein viel schöneres Bild der Welt.

Kleine Taten oder positive Ereignisse, die das Leben von Einzelpersonen und kleinen Gemeinden bereichern, sind nicht weniger real als die negativen Vorfälle, von denen die Medien berichten. In der Flut anderer, scheinbar wichtigerer Schlagzeilen gehen diese Geschichten oft unter. Deshalb habe ich in diesem Buch zum dritten Mal 52 gute Nachrichten aus meiner Sammlung ausgewählt und textile Illustrationen dafür erstellt. Das Ergebnis – den dritten Band aus einer Reihe von „Guten Nachrichten" – halten Sie jetzt in Händen. Und obwohl ich es viel lieber hätte, wenn es keinen Mangel an „good news" gäbe und mein Buch überhaupt nicht nötig wäre, glaube ich, dass es, einmal da, Ihnen auf dem Weg zu einer fröhlicheren Sicht auf die Welt helfen wird.

Also dann, viel Spaß beim Lesen!
M. S.

1.

In Japan wurden spezielle Kurse eingeführt,
um die nach den Pandemiejahren
erschlafften Gesichtsmuskeln zu stärken
und den Menschen wieder das Lächeln
beizubringen.

2.

Sprechende Mülleimer in schwedischen
Städten bedanken sich, wenn jemand
seinen Abfall in ihnen entsorgt.

3.

Als an den Küsten von Scarborough,
England, ein Polarwalross völlig erschöpft
eine Ruhepause einlegte, sagte die Stadt
das Neujahrsfeuerwerk ab, um das Tier vor
seiner mühsamen Reise in den Norden nicht
noch mehr zu stressen.

4.

Ein nepalesischer Arzt begibt sich auf
gefährliche Reisen zu abgelegenen Dörfern
im Himalaja, um die Einwohner kostenlos
an ihren Augen zu operieren. Er hat
Tausende von Menschen vom Star geheilt
und ihnen ihr Sehvermögen zurückgegeben.

5.

Dank jahrelanger Naturschutzbemühungen, der Erweiterung ihres Lebensraums und der Anpflanzung von Bambuswäldern in China konnten Pandas von der Liste der gefährdeten Arten gestrichen werden.

6.

Eine 90-jährige Leserin suchte in einer Madrider Bibliothek nach einem alten Kinderbuch, das ihr Vater ihr als Kind vorgelesen hatte. Der Bibliothekar stellte fest, dass es nicht im Besitz der Bibliothek war. Also beschaffte er es von anderswo, rief die alte Frau an und las es ihr am Telefon vor.

7.

Als ein Mann in Caracas mit der Arbeit an Hochspannungsmasten begann, bastelte ihm seine Tochter Papierflügel, die ihn vor Stürzen bewahren sollten. Seither hat der Mann sie jeden Tag bei der Arbeit getragen.

8.

Ein von einem Bauern gezüchteter Kürbis
war so groß, dass er selbst hineinpasste. Zu
seinem 60. Geburtstag höhlte er ihn aus und
ließ sich darin 60 Meilen den Missouri River
hinunter zu einer benachbarten Stadt treiben,
um dort seine Enkelkinder zu besuchen.

9.

Das französische Baguette wurde in
die UNESCO-Liste des Immateriellen
Kulturerbes aufgenommen.

10.

Vor seinem letzten Rennen der Olympischen Spiele in Tokio stieg ein jamaikanischer Läufer in den falschen Bus und fuhr versehentlich ans andere Ende der Stadt. Dank einer vorbeikommenden Schülerin, die ihm ihr Taschengeld für ein Taxi gab, erreichte er nicht nur rechtzeitig das Rennen, sondern gewann es auch. Nach dem Wettbewerb suchte der Athlet das Mädchen auf und überreichte ihm die Goldmedaille.

11.

Eine Katze, die ein Feuerwehrmann nach dem Erdbeben in der Türkei aus den Trümmern befreit hatte, wollte ihren Retter nicht verlassen. Also nahm der Feuerwehrmann sie mit nach Hause.

12.

Als während eines Sturms die Lichter am
Flughafen von Alaska ausfielen, fuhren
die Einwohner einer nahegelegenen
Stadt mit ihren Autos zur Landebahn und
beleuchteten sie mit den Scheinwerfern
ihrer Autos, damit ein Flugzeug sicher
landen konnte.

13.

Ein Fernsehverkäufer in Lima lässt nach
Ladenschluss Märchenfilme auf den
Bildschirmen laufen, damit obdachlose Kinder
sie von der Straße aus anschauen können.

14.

Als ein österreichischer Ornithologe
bemerkte, dass Ibisse aufgrund des
Klimawandels zu spät über die Alpen flogen
und in Eiseskälte gerieten, kaufte er ein
Ultraleichtflugzeug und lernte fliegen, um
die Vögel auf eine sicherere Route zu leiten.

15.

Ein pensionierter Lehrer bringt
Kinderbücher in entlegene italienische
Dörfer, und zwar mit einer selbst gebauten
mobilen Bibliothek mit der Bezeichnung
„Bibliomotocarro".

16.

Brasilien hat als erstes Land seine
Verfassung in die Sprache der indigenen
Völker übersetzt. Fünfzehn indigene
Übersetzer waren an der Übersetzung des
grundlegenden Staatsdokumentes in die
Amazonassprache „Nheengatu" beteiligt.

17.

Ein Mann aus Australien geht seit 63 Jahren
Blutplasma spenden. Seine seltenen und
starken Antikörper, die Blutkrankheiten bei
Neugeborenen heilen können, haben bereits
2 Millionen Leben gerettet.

18.

Postboten und Postbotinnen in einsamen
Teilen Islands liefern Pakete auch an
abgelegene Häuser und Farmen aus, und
zwar anhand einer Karte, die der Absender
statt der Adresse auf den Umschlag
gezeichnet hat.

19.

Als Eltern herausfanden, dass ihre Kinder
eines Tages aufgrund einer seltenen
genetischen Erkrankung erblinden würden,
machten sie mit ihnen eine Weltreise. Sie
wollten ihr visuelles Gedächtnis mit so
vielen schönen Bildern und Erinnerungen
füllen wie möglich.

20.

Als ein 84-jähriger Kriegsveteran aus
Taiwan erfuhr, dass sein Heimatdorf
komplett abgerissen werden sollte, bemalte
er Dutzende Häuser in fröhlichen Farben.
Das *Rainbow Village* wurde damit zu einem
attraktiven Ort und einem kulturellen
Erbe, das nicht mehr dem Erdboden
gleichgemacht werden konnte.

21.

Dank der Initiative „Cycling Without Age" können Freiwillige in Kopenhagen kostenlos ein Dreirad ausleihen und Menschen aus lokalen Altersheimen auf eine Fahrt an der frischen Luft mitnehmen.

22.

Ein Mann aus Chile adoptierte fünf
Geschwister aus einem Waisenhaus, damit
sie zusammen aufwachsen können und
nicht getrennt werden.

23.

Ein 83-jähriger Fußballfan aus Argentinien wollte sich im Schaufenster eines Fernsehgeschäfts das Finale der Fußballmeisterschaft ansehen. Dazu brachte er sich einen Klappstuhl mit. Nach dem Spiel schenkte ihm der Geschäftsführer den Fernseher.

24.

Ein kleines Mädchen aus Sonora, Mexiko,
schrieb einen Brief an den Weihnachtsmann.
Es befestigte den Brief an einem Luftballon
und ließ ihn in den Himmel steigen. Der Ballon
flog über die Grenze und landete in der Nähe
des Hauses eines Mannes in Nordamerika. Er
machte über einen mexikanischen Radiosender
die Eltern des kleinen Mädchens ausfindig und
brachte ihm persönlich Geschenke.

25.

Ein Schweizer Krankenhaus hat einen Hund
rekrutiert, dessen einzige Aufgabe darin
besteht, durch die Stationen zu laufen.
Die Patienten dürfen ihn streicheln, und
dadurch werden ihre Ängste gelindert.

26.

Dale Schroeder, ein lediger und kinderloser
Mann, der in seinem Leben kaum mehr
als drei Hosen besaß, spendete nach
67 Arbeitsjahren seine gesamten Ersparnisse
an 33 ihm völlig Fremde. Sie nutzten das Geld
für ihre Studiengebühren und wurden Lehrer,
Therapeuten und Ärzte. Später gründeten sie
eine Gruppe namens „Dales Kinder".

27.

Jedes Jahr an seinem Geburtstag
verteilt der Fahrer einer Straßenbahn in
Bratislava Süßigkeiten und bereitet kleine
Erfrischungen für die Fahrgäste vor. Diese
schreiben ihren Dank auf kleine Zettel und
singen für den Fahrer.

3 BLUMENTAL

28.

140 Rettungshunde aus aller Welt suchten mit ihren Trainern nach dem Erdbeben in der Türkei unter den Gebäudetrümmern nach Überlebenden. Die Hunde, die normalerweise im dunklen, kalten und lauten Gepäckabteil transportiert werden, wurden als Dankeschön von Turkish Airlines in der ersten Klasse nach Hause geflogen.

29.

Als symbolischen Beitrag im Kampf gegen die Klimaerwärmung hat ein Mann aus England einen Mülleimer mit Rädern, einem Elektromotor und einer Lenkung versehen. Das Fahrzeug wurde nach Anmeldung und Besteuerung tatsächlich von den Behörden als straßentauglich zugelassen. Seitdem fährt der Mann jeden Tag in dem Mülleimer zur Arbeit.

30.

Kinder, die während der Wintermonate
in einem Krankenhaus in Colorado
untergebracht sind, können in der
Zeit fern von zu Hause Schneemänner
malen. Das Personal baut dann die
Schneemänner nach ihren Zeichnungen im
Krankenhausinnenhof.

31.

Der Gründer der Marke Patagonia hat das
Unternehmen im Wert von 3 Milliarden
Dollar und zusätzlich die zukünftigen
Gewinne zum Schutz der Erde gespendet.

32.

Als Füchse bei Niedrigwasser sich
zunehmend auf Australiens Middle Island
breitmachten und eine Kolonie der weltweit
kleinsten Pinguine bedrohten, riefen die
Einheimischen zwei Schäferhunde, Eudy und
Tula, zu Hilfe. Die Hunde verjagten mit ihrem
Gebell die Füchse und die kostbare Kolonie
wuchs auf 180 Pinguine an. Eudy und Tula
wurden zu offiziellen Beschützern der Insel.

33.

Die polnische Athletin Maria Andrejczyk beschloss, ihre bei den Olympischen Spielen errungene Silbermedaille zu verkaufen und das Geld für die Herzoperation eines acht Monate alten Jungen zu spenden.

34.

In der englischen Stadt Beverley ließ eine Familie ihren Weihnachtsbaum im Garten sechs Monate lang nach den Feiertagen zum Schutz einer Vogelfamilie stehen, die über Weihnachten in dem Baum ein Nest gebaut hatte.

35.

Der pensionierte Thor Vikström war
60 Jahre lang Eigentümer einer kleinen
kanadischen Insel im Prairie River.
Jahrelang lehnte er selbst großzügige
Angebote von Investoren ab, die ihm die
Insel abkaufen wollten. Er spendete sie
schließlich einem Nationalreservat, das in
Zukunft Tiere und Pflanzen schützen wird.

36.

Ein 5-jähriger Junge aus Berlin lud alle
seine Kindergartenfreunde ein, bei seiner
Adoption dabei zu sein. Die gesamte Klasse
kam zur Beurkundung.

37.

Ein Kurier, der eine Leber für einen Patienten
transportierte, der auf eine Transplantation
wartete, steckte wegen eines Marathonlaufs
im Stadtzentrum fest. Der Chirurg selbst
stürzte aus dem Operationssaal und
er und andere Läufer rannten, um das
lebenswichtige Organ zu holen. Die
Transplantation verlief erfolgreich.

38.

Ein Zauberer führte regelmäßig seine Kunststücke vor Hunden in Tierheimen vor. Im Internet erfreuten sich Zehntausende an den lustigen Reaktionen der Hunde und viele entschlossen sich, einen Hund zu adoptieren.

39.

Hilda, eine deutsche Frau, konnte aufgrund ihrer jüdischen Herkunft als Kind nicht zur Schule gehen. In Erinnerung an diese Benachteiligung entschied sie sich, mit einem regelmäßigen Betrag die Bildung eines afrikanischen Kindes zu unterstützen. Als dieses Kind zum Kommissar für Menschenrechte der UN ernannt wurde, benannte er eine von ihm gegründete Organisation zur Unterstützung der Bildung armer Kinder in Kenia nach Hilda. Er lud sie ein, sein Heimatdorf zu besuchen, wo man sie als Königin feierte.

40.

Der weltberühmte dänische Hersteller
von Plastikbausteinen hat Steine auf
den Markt gebracht, deren Erhebungen
Brailleschriftzeichen bilden. Die
Schriftzeichen helfen blinden Kindern bei
Wort- und Kommunikationsspielen oder
beim Lösen von mathematischen Aufgaben.

41.

Seeotter halten im Schlaf mit ihrem Partner
Pfoten, damit sie nicht voneinander
wegtreiben.

42.

Das weltweit erste Glücksmuseum steht in Kopenhagen. Es soll den Besuchern ins Gedächtnis rufen, was im Leben echten Wert hat, und die Zufriedenheit damit fördern, wer wir sind und wie wir leben.

43.

Eine schottische Künstlerin sammelt
Manuskripte von weltberühmten Autoren
für ihre „Bibliothek der Zukunft". Die Werke,
die in einem speziell entworfenen Raum in
der Bibliothek aufbewahrt werden, dienen
als Erbe für zukünftige Generationen. Im Jahr
2114 werden sie auf Papier gedruckt, das aus
den Tausenden von Kiefern hergestellt wird,
die heute in den Wäldern um Oslo wachsen.

44.

Vier junge Kinder, die einen Flugzeugabsturz
in Kolumbien überlebten, wurden nach
40 Tagen im Amazonasregenwald lebend
und wohlbehalten gefunden. Das jüngste
war gerade einmal 11 Monate alt. Es überlebte
vor allem dank der 13-jährigen ältesten
Schwester. Sie hatte die Geschwister durch
den Dschungel geführt und vor wilden
Tieren und starken Regenfällen beschützt.

45.

Ein in den Bergen lebender Tierarzt hat sein Leben ganz der Rettung von Wildtieren verschrieben. Er behandelt sie aus eigenem Antrieb ohne Lohn und entlässt sie nach der Heilung wieder in die Wildnis.

46.

Finnland führt in den letzten Jahren regelmäßig die Liste der glücklichsten Länder der Welt an. Nun wurde beschlossen, das Erfolgsgeheimnis mit einem kostenlosen „Glückskurs" zu verbreiten. Die Teilnehmerinnen und Teilnehmer können ihre Fähigkeiten in Bereichen wie Gesundheit, Lebensstil, Design, Essen und alltägliche Lebensqualität verbessern.

47.

In Japan gibt es Zeitungen aus
Recyclingpapier, das Pflanzensamen enthält.
Wenn die Zeitung in kleine Schnipseln
zerrissen zu Boden geworfen werden,
können daraus Kräuter, Wildblumen,
Gemüse oder sogar Bäume wachsen.

48.

Als die Eltern ihren jungen Sohn fragten, warum er jeden Tag über Duolingo Koreanisch lerne, erzählte er, dass er in seiner Klasse einen neuen Mitschüler habe und wolle, dass dieser sich wie zu Hause fühlt.

49.

Ein Mann bestieg innerhalb von 24 Stunden
als Teil einer Wohltätigkeitsveranstaltung
die höchsten Gipfel in England, Schottland
und Wales. Er trug die ganze Zeit einen
Rucksack, um die Belastung seiner Diagnose
als psychisch Kranker zu symbolisieren.

50.

Ein in den Slums von Indien aufgewachsener Polizist gibt 80 armen Kindern in der Nähe des Roten Forts in Delhi Nachhilfe, damit sie zu ihren Altersgenossen aufschließen und ihre Bildung in der Schule erfolgreich fortsetzen können. Die lokalen Rikschafahrer bringen die Kinder kostenlos von den Kursen nach Hause.

51.

Nach dem Tod eines Mannes, der die
Ansagen in der Londoner U-Bahn
eingesprochen hatte, besuchte seine Frau
jeden Tag eine Station in der Nähe ihres
Zuhauses, um sich an ihren Mann zu
erinnern. Aus Respekt vor ihr ist die Stimme
ihres Mannes noch heute an der Station
Embankment zu hören, obwohl die Ansagen
an den anderen Stationen mittlerweile von
einer anderen Stimme gesprochen werden.

52.

Die kleine Madeline hat sich beim
Veterinäramt erkundigt, ob sie in ihrem
Garten ein Einhorn halten darf, falls sie
eines der Tiere habhaft werden kann.
Die Behörde gab ihre Erlaubnis, wies die
zukünftige Halterin jedoch an, das Einhorn
mit ausreichend Sonnen- und Mondlicht zu
versorgen und ihm regelmäßigen Zugang zu
Regenbögen zu ermöglichen.

Diese und viele andere positive Geschichten gehen im täglichen Lärm negativer Schlagzeilen leicht unter. Schenken wir den positiven Nachrichten in den Medien Beachtung, mehr noch aber den Geschichten um uns herum: Die Welt ist ein viel besserer Ort, als es oft scheint.

Vielen Dank, Simonka. M. S.

www.yearofgoodnews.com

Text and illustrations © Martin Smatana, 2023
Originally published under the title „Rok dobrých správ" by Monokel LC, Bratislava, Slovakia

Grafische Gestaltung: Martina Figusch Rozinajova
Lektorat: Zuzana A. Ferusova
Verantwortlicher Redakteur: Peter Michalik

© 2024 Pattloch Verlag. Ein Imprint der Verlagsgruppe
Droemer Knaur GmbH & Co. KG, München
Satz: Daniela Schulz, Gilching
Gesamtherstellung: Grafisches Centrum Cuno GmbH & Co. KG, Calbe

ISBN 978-3-629-01546-4

www.pattloch.de

5 4 3 2 1